Fairness und Benehmen

Einfach gut erklärt von Brigitte Hoffmann,
mit Bildern von Dorothea Tust

CARLSEN

Warum gibt es Spielregeln?

Stell dir vor, jemand hätte über Nacht die Fußballregeln abgeschafft. Am nächsten Tag triffst du dich mit deinen Freunden zum Fußballspielen. Gerade als du den Ball zu deinem Freund Paul schießen willst, zieht dich deine Gegenspielerin Anne am T-Shirt zurück. Der Ball rollt ins Aus. Jetzt bist du sauer! Paul schnappt sich den Ball und wirft ihn mit der Hand ins Tor. „Hand!“, ruft Anne, „das gilt nicht!“ – „Klar gilt das!“, schreist du, „die Fußballregeln sind abgeschafft!“ Dann brüllen alle durcheinander und es gibt Streit ...

Was ist Fair Play?

Zusammen spielen macht Spaß, wenn sich alle an gerechte Regeln halten. Das nennt man „Fair Play". Ganz ohne Regeln ist es schwierig oder sogar unmöglich, miteinander zu spielen.

Schon gewusst?

Was ist Lacrosse?

a) Ein Getränk
b) Ein Spiel
c) Ein Kleidungsstück

Lösung: b) Lacrosse ist ein kanadischer Ballsport. Früher wurde das Spiel zwischen gegnerischen Indianerstämmen ausgetragen, um Krieg zu vermeiden.

Was sind Alltagsregeln?

Überall auf der Welt begegnen sich Menschen, zum Beispiel wenn sie arbeiten, essen, Sport treiben oder U-Bahn fahren. Für dieses alltägliche Zusammenleben gibt es Regeln. Die Spielregeln des Miteinanders sind von Land zu Land ein bisschen anders, aber sie haben alle denselben Zweck: Fair Play.

Ungeschriebene Gesetze

Zur Begrüßung sagst du ganz selbstverständlich „Hallo“, auf dem Bürgersteig fährst du niemanden mit deinem Fahrrad über den Haufen.
Im Gegensatz zu Fußballregeln stehen Alltagsregeln nirgendwo geschrieben. Trotzdem kennt sie jeder.

Andere Länder, andere Sitten

Jannis wohnt in den Niederlanden. An seinem Geburtstag kommen die Verwandten zu Besuch. Alle gratulieren nicht nur Jannis, sondern auch seinen Eltern und Geschwistern zu seinem Geburtstag. So ist es Sitte in den Niederlanden. Jedes Kind ist ein Geschenk für die ganze Familie.

Rücksichtsvolle Ritter

Im Mittelalter galt es als unhöflich, beim Essen laut zu reden. In den großen Sälen hallte es so sehr, dass man sein eigenes Wort nicht mehr verstanden hätte.

Was ist höflich?

„Höflich“ kommt vom mittelalterlichen „hovelich“ und meinte früher die Art, wie man sich bei Hofe, bei den Fürsten verhalten sollte. Heute bezeichnet man jedes freundliche und rücksichtsvolle Verhalten als Höflichkeit.

Im Wandel der Zeit

Vor 200 Jahren hielt man Frauen für das „schwache Geschlecht". Bei einem Gewitter musste der Herr die Dame trösten.

Heute „dürfen" Männer sich genauso bei Gewitter fürchten wie Frauen und die Frauen „müssen" nicht ängstlich sein. Jede Zeit beurteilt die Bedürfnisse und Gefühle der Menschen anders.

Hilfe oder Bevormundung?

Sarah und Leonie rechnen eine Matheaufgabe. Sarah ist schneller fertig als Leonie. Sie bemerkt, dass Leonie ein falsches Ergebnis hinschreibt. Sarah streicht mit ihrem Füller Leonies Lösung durch und schreibt das richtige Ergebnis daneben.

Das richtige Wort

„Entschuldigung", „Bitte" und „Danke" bringen unsere Gefühle ins Gleichgewicht. Eine ehrliche Entschuldigung kann etwas wiedergutmachen. Mit einem Dankeschön erkennst du die Hilfsbereitschaft anderer an.

Achtung und Respekt

Leonie ärgert das. Sie fühlt sich bevormundet. Warum hat Sarah ihr nicht gesagt, dass sie sich verrechnet hat? Dann hätte Leonie ihre Aufgabe immer noch selber lösen können. Es ist ihr Heft und nur sie darf darin schreiben. Sarah entschuldigt sich.

ZAUBERWÖRTER

Hilfst du mal?

Wenn du jemandem
mit schweren
Einkaufstaschen
die Tür aufhältst,
bist du hilfsbereit.

Wenn du einem anderen
Kind beim Mittagessen die
Schüssel anreichst, bist du
aufmerksam. Gemeinsam
geht es oft besser als allein.

Abstand ist angenehm

Jeder Mensch braucht ein Stück leeren Raum um sich herum, um frei zu atmen. Mit Abstand fühlen wir uns wohl.

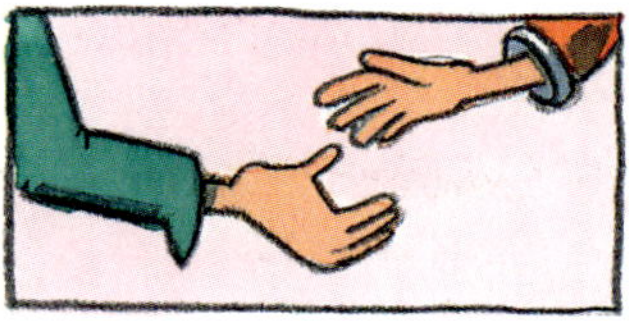

In Deutschland redet man Fremde oder flüchtige Bekannte mit „Sie“ an und reicht ihnen die Hand. Damit zeigt man, dass man ihnen nicht zu nahe kommen will.

Andere Länder, andere Sitten

In Japan berührt man sich bei der Begrüßung überhaupt nicht. Man verbeugt sich voreinander.

Schubsen, Drängeln, Schimpfen

Es klingelt zur großen Pause. Alle Kinder laufen aus ihren Klassenzimmern. An der Tür zum Pausenhof gibt es immer ein Riesengedränge. Das geht allen auf die Nerven – langsamer und leiser geht es besser. Das gilt auch für den Bus und die Straßenbahn, auch hier müssen alle aufeinander Rücksicht nehmen.

Sich selber schützen

Manchmal kommen andere Kinder oder Erwachsene dir absichtlich zu nahe. Dann ist es dir unangenehm, wie sie dich ansehen, wie sie mit dir reden oder wie sie dich berühren. Jetzt musst du weggehen. Das ist nicht unhöflich. Traue deinen Gefühlen. Sprich mit einem Erwachsenen darüber, was dir passiert oder was du fühlst.

Wer fragt wen?

Wenn ein Fremder auf der Straße etwas wissen will, soll er kein Kind, sondern einen anderen Erwachsenen fragen. Aber Kinder können fremde Erwachsene auf der Straße um Hilfe bitten.

Gesund und schön

„Uääääh, wie eklig“, schreit Flori und rückt vom Esstisch ab. Robert hat sich gerade einen dicken Popel aus der Nase gezogen. Ekel ist ein Körpergefühl, das der Mensch entwickelt hat, um sich vor Krankheiten zu schützen, die andere haben könnten. Popel sind deshalb Privatsache! Aus demselben Grund halten wir beim Husten die Hand vor den Mund und waschen uns regelmäßig.

Alte Weisheit

„Was du nicht willst, dass man dir tu', das füg auch keinem andern zu“, sagt ein altes Sprichwort.

Gemeinsam essen

Essen ist ein Grundbedürfnis des Menschen und es macht mehr Spaß, wenn wir es zusammen tun. Bei Tisch gelten viele verschiedene Regeln. Kinder brauchen sie noch nicht alle zu beherrschen. Aber du kannst Messer und Gabel benutzen und beim Kauen den Mund schließen.

Jeder macht Fehler

In zwanzig Minuten ist Ballettaufführung! Die Mädchen ziehen in der Umkleidekabine ihre schönen Tüllröcke an. Anja ist aufgeregt,

sie nimmt ihre Tasche und wirbelt sie im Kreis herum. Die Schnalle der Tasche bleibt in Verenas Rock hängen und reißt ein Loch hinein. „Pass doch auf, du blöde Kuh!“, schreit

Verena und bricht in Tränen aus. Anja fühlt sich schlecht. Das hat sie nicht gewollt. Zum Glück hat sie die rettende Idee:

Zusammen gehen Anja und Verena zur Ballettlehrerin. Sie kann den Riss schnell flicken.

Mitgefühl statt Demütigung

Jedes Kind kennt viele interessante Schimpfwörter. Die drücken zwar in dem Moment unsere Gefühle aus, aber dafür verletzen sie die Empfindungen des anderen. So wird alles nur noch schlimmer.

Schon gewusst?

„Sei vorsichtig im Tadel und Widerspruche", forderte Freiherr von Knigge. Wer war dieser Mann?

a) Er war der Verfasser des ersten, sehr berühmten Buches mit Benimmregeln.

b) Er war ein Adliger, der für sein schlechtes Benehmen weltberühmt war.

Lösung: a)

Ein großes Ziel

Marie, Jan, Hanna und Franka gehen in die dritte Klasse. Marie und Hanna haben eine tolle Idee: Sie wollen eine Schülerzeitung herstellen. Jan und Franka sagen sofort: „Wir machen mit!“

Ein starkes Team

Die Freunde treffen sich nachmittags und überlegen gemeinsam, was alles in der Zeitung stehen soll.

Dann teilen sie die Aufgaben auf: Marie will eine lange Gespenstergeschichte schreiben, Jan wird eine Rätsel- und Witzseite machen. Hanna soll mit den Lehrern sprechen und sie bitten, Schüler im Unterricht Beiträge schreiben zu lassen. Franka möchte ein Interview mit dem Hausmeister machen und die fertige Zeitung kopieren.

Teamwork

In der Gruppe erreicht man sein Ziel oft besser als allein, vor allem, wenn jeder Verantwortung übernimmt und offen seine Meinung sagen kann.

Was tust du, wenn es kracht?

Als die Schülerzeitungs-Kinder sich zum zweiten Mal treffen, haben alle außer Hanna ihre Aufgaben erledigt. Sie hat bisher nur mit ihrer Lieblingslehrerin gesprochen. Sie traut sich nicht, die anderen Lehrer zu fragen. Marie und Jan machen Hanna Vorwürfe. Hanna weint und will nicht mehr mitmachen.

Schließlich erklärt Franka sich bereit, gemeinsam mit Hanna zu den Lehrern zu gehen. Dafür hilft Hanna ihr hinterher beim Kopieren. Marie, Jan und Hanna wählen Franka zur Chefin ihres Teams. Sie wird nun darauf achten, dass alle gut zusammenarbeiten.

Ein guter Chef …

- setzt sich für seine Leute ein und berücksichtigt deren Meinungen.
- Wenn alle ihn unterstützen, funktioniert das Team.

Ein schlechter Chef …

- übergeht die Wünsche anderer und denkt hauptsächlich an sich.
- Hier solltest du nicht mitmachen.

Was ist Petzen, was ist Mobbing?

„Du Petze“, heißt es schnell, wenn sich ein Kind an den Lehrer oder den Erzieher wendet, um sich über andere zu beschweren. Das kann stimmen oder auch nicht.

Mieses Petzen

Ein Kind petzt, wenn es ein anderes Kind beim Lehrer oder Erzieher anschwärzt, um sich selbst einen Vorteil zu verschaffen oder ein anderes Kind schlechtzumachen. Wer petzt, benimmt sich seinen Mitschülern gegenüber gemein.

Gemeines Mobben

Wenn mehrere ein einzelnes Kind immer wieder ausschließen, beschimpfen, bedrohen, quälen oder schlagen, nennt man das Mobbing.

Wehr dich gegen Mobbing

Schweigen hilft nur den Mobbern. Wenn du in einer Gruppe zum Opfer wirst, dann sprich mit Erwachsenen darüber, bis du Hilfe bekommst. Das ist kein Petzen! Auch wenn die Mobber genau das behaupten.

Mobbing

Das Wort „Mobbing" kommt vom englischen „to mob" und bedeutet „jemanden bedrängen", „über jemanden herfallen".

Pixi Wissen Rätselseite

1. Zwei Personen auf diesem Bild verhalten sich rücksichtslos. Wer ist das?

Lösung: Der Junge mit dem Tennisschläger und das Mädchen mit der Hundeleine verhalten sich rücksichtslos.

2. Wenn zwei sich streiten ... Trage die Wörter richtig in den Lückentext ein:

Mitgefühl – Vorwürfe – Einigung – Meinung – fair – Demütigungen

Wenn du mit jemandem streitest, ist es wichtig, dass du . . . . . bleibst. . . . . und . . . . helfen nicht weiter. Jeder muss offen seine . . . . sagen können. Versuche, dich in den anderen hineinzuversetzen. Wenn jeder ein bisschen . . . . aufbringt, kommt ihr sicher zu einer . . . .

Lösung: Wenn du mit jemandem streitest, ist es wichtig, dass du *fair* bleibst. *Vorwürfe* und *Demütigungen* helfen nicht weiter. Jeder muss offen seine *Meinung* sagen können. Versuche, dich in den anderen hineinzuversetzen. Wenn jeder ein bisschen *Mitgefühl* aufbringt, kommt ihr sicher zu einer *Einigung*.

Pixi Wissen Lexikon

Anstand Gutes Verhalten, gute Umgangsformen

Aufmerksamkeit Interesse für eine Sache oder für andere Menschen

Distanz Abstand; natürlicher Sicherheitsabstand zu anderen Menschen, den der einzelne braucht, um sich wohlzufühlen

Grenze Sperre, Hürde; natürliches Schutzbedürfnis eines Menschen

Höflichkeit Gutes Verhalten aus Respekt vor dem anderen

Hygiene Gesundheitspflege, Sauberkeit

Kompromiss Ausgleich; Einigung mit Entgegenkommen auf beiden Seiten

Konventionen Stille Übereinkünfte und Spielregeln; jedes Land und jede Generation hat eigene Konventionen

Regel Richtlinie, Vorschrift

Respekt Achtung vor anderen Menschen, vor ihren Gefühlen oder ihrer Leistung

Streitkultur Die Kunst, seinen Standpunkt zu vertreten, die Meinung des anderen zu respektieren und gerechte Kompromisse zu schließen

Taktgefühl Feingefühl, Rücksichtnahme; gutes Gespür für die Gefühle anderer

Verantwortung Die Pflicht, für andere zu sorgen und ihre Bedürfnisse zu berücksichtigen

Pixi Wissen Quiz

1. Was bedeutet „Etikette"?

a) Name einer seltenen Meerestier-Delikatesse
b) Vorläufer der Krawatte
c) Kleines Kärtchen, das Adelige früher am französischen Königshof bekamen

2. Wie begrüßt du am besten deine Oma am Telefon?

a) Hallo, Oma, wie geht es dir?
b) Liebe, liebe Omili, ich habe seit drei Tagen neben dem Telefon gesessen und sehnsüchtig auf deinen Anruf gewartet!
c) Na, du taube Nuss!

3. Wie sprachen Kinder noch im 19. Jahrhundert ihre Eltern an?

a) Mami/Papi b) Mum/Dad c) Herr Vater/Frau Mutter

4. Was bedeutet die Redewendung „jemanden über den Tisch ziehen"?

a) Man hilft jemandem über ein Hindernis – zum Beispiel einen Tisch – hinweg.
b) Man drängt jemanden in einer Meinungsverschiedenheit zu einer unfairen „Einigung".
c) Man bringt jemanden dazu, seine Meinung zu ändern.

5. „... Die heutige Jugend zeigt kaum noch Respekt vor den Eltern. ...“ – Wie alt ist dieser Satz?

a) 5000 Jahre
b) 10 Jahre
c) 14 Tage

6. Wie isst man Spaghetti mit Tomatensoße?

a) Man dreht einige Nudeln auf die Gabel auf und steckt dann diese kleine Rolle in den Mund.
b) Man schlürft jede Nudel einzeln aus dem Teller.
c) Man haut rein, dass es nur so spritzt.

7. Beim Basketball: Im Eifer des Gefechts hast du einem Mitspieler einen Ellenbogenstoß in die Magengegend versetzt. Jetzt kniet er am Boden und hält sich den Bauch. Was tust du?

a) Du zeigst deine Wut und rufst: „Schauspieler! Schauspieler!“
b) Du gibst ihm einen aufmunternden Klaps auf die Schulter und sagst gutmütig: „Ach komm, sei kein Warmduscher, war doch halb so wild!“
c) Du gehst zu ihm, entschuldigst dich und hilfst ihm auf die Beine.

8. Wann lebte Freiherr von Knigge?

a) 1995–2071
b) 1752–1796
c) 903–949

Pixi Wissen präsentiert

Bd. 1
Pferde und Ponys
ISBN 978-3-551-24051-4

Bd. 2
Piraten
ISBN 978-3-551-24052-1

Bd. 3
Die Erde
ISBN 978-3-551-24053-8

Bd. 4
Ballett
ISBN 978-3-551-24054-5

Bd. 5
Greifvögel
ISBN 978-3-551-24055-2

Bd. 6
Vulkane
ISBN 978-3-551-24056-9

Bd. 7
Tierrekorde
ISBN 978-3-551-24057-6

Bd. 8
Wale und Delfine
ISBN 978-3-551-24058-3

Bd. 9
Fairness und Benehmen
ISBN 978-3-551-24059-0

Bd. 10
Planeten und Sterne
ISBN 978-3-551-24060-6

Bd. 11
Das Meer
ISBN 978-3-551-24061-3

Bd. 12
Tiefsee
ISBN 978-3-551-24062-0

Bd. 13
Ritter
ISBN 978-3-551-24063-7

Bd. 14
Hunde und Wölfe
ISBN 978-3-551-24064-4

Bd. 15
Fliegen und Flugzeuge
ISBN 978-3-551-24065-1

Bd. 16
Klima und Klimawandel
ISBN 978-3-551-24066-8

Bd. 17 Tiere in Garten
und Wald
ISBN 978-3-551-24067-5

Bd. 18
Elefanten
ISBN 978-3-551-24068-2

Brigitte Hoffmann arbeitet seit zehn Jahren als Autorin und Redakteurin. Sie hat Drehbücher, technische Texte sowie Bücher für Kinder geschrieben. Aus dem Alltag mit ihren eigenen Kindern gewann sie zahlreiche Inspirationen für dieses Buch ...

Als freiberufliche Illustratorin zeichnet **Dorothea Tust** seit vielen Jahren für Kinder. Bei diesem Band hat sie noch einiges dazugelernt – und will nun ihre Spaghetti nie wieder mit Messer und Gabel essen ...

ZAUBERWÖRTER